Rodrigo Hunter - ANO 2020

DESPESCA DA TILÁPIA EM 120 DIAS

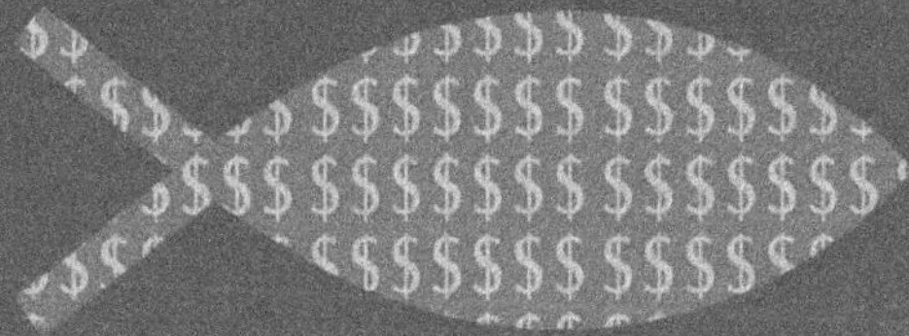

Rodrigo Hunter - ANO 2020

DESPESCA DA TILÁPIA EM 120 DIAS

A MINHA FÉ!
AOA MEUS FILHOS!
A MINHA FAMÍLIA!
AOS MEUS AMIGOS!
AOS MEUS CLIENTES!
AO MEU PAÍS!
A LÍDERDADE!

"Não existe sucesso sem suor! Quem acredita que pode ter sucesso sem sacrifício, bem, mantenha-o bem longe de mim. "

Prof. Rodrigo Hunter.

AGRADECIMENTOS

PROJETO PEIXES NO SERTÃO é brasileiro e tem muitos filhos espalhados pelo Mundo. É dedicado à família aquicultura com pesquisas próprias voltadas ao aumento da produtividade da pesca em sistemas de recirculação. É autor da única Pesquisa Técnica voltada a uma despesca com 120 (cento e vinte dias) da entrada do alevino no tanque de criação.

Hoje, por não fazer mais parte deste projeto, mas continuou incentivando a agricultura em seu potencial.

Esta Obra é dedicada a todos os amantes da piscicultura familiar em todos os Continentes.

PROJETO
PEIXES NO SERTÃO
LEVANDO A PISCICULTURA A ONDE NÃO TEM ÁGUA!

Observação.

Toda essa pesquisa aqui definidas e esclarecidas não vai de hipótese alguma falar de tecnologias, marcas ou mesmo induzir ao amigo agricultor, e se por alguma forma, despercebida, entrarmos neste contexto, nos desculpe.

Falo isso porque muitas das vezes iremos falar de equipamentos usados para gerar certas situações, essas situações são o que chamamos de TÉCNICAS.

Não leve em conta a marca, mas leve em conta a eficiência de qualquer produto que busque atender a sua necessidade.

Toda tecnologia é funcional, o que irá fazer seu sistema falhar é o tempo, a dedicação, a curiosidade, a ganancia, a omissão, a arrogância e a cima de tudo, a sua incapacidade de aceitar o diferente, mas não o novo.

NÃO ESPEREM VER UM LIVRO COM INÚMERAS PÁGINAS, COM FOTOS E CONTEXTOS, BASEADOS EM CIMA DE ESTUDOS JÁ REALIZADOS. NÃO SERÁ O NOSSO CASO.

Este LIVRO é à base de um estudo que visou a confirmação de uma despesca abaixo das atuais situações praticados no mercado de cultivo.

Apenas experimentem aplicar estas pequenas técnicas e vejam o resultado.

Espero que entendam essa exposição de padrões em uma nova visão.

□

A TILÁPIA

Vamos falar de um peixe OPORTUNISTA.

As tilápias se adaptam a qualquer terreno. Elas têm uma facilidade tão grande de suportar variações extremas que hoje é possível encontrar esses peixes até mesmos nas águas mais salobras das nossas bacias. Além disso, suportam grandes variações de temperatura e toleram baixos teores de oxigênio dissolvido. Em sua alimentação, bem, neste caso, comem de tudo: podem ser onívoras, herbívoras ou fitoplanctófagas. Algumas espécies se reproduzem a partir dos seis meses de idade e qualquer um pode gerar alevinagem dessa espécie, sendo que a desova pode ocorrer mais de quatro vezes por ano. Como protegem a prole, o índice de sobrevivência é bastante elevado.

Peixes de escamas; corpo um pouco alto e comprimido. Existem cerca de 100 espécies de tilápia, distribuídas em três gêneros, Oreochromis, Sarotherodon e Tilapia. Aqui no Brasil foram introduzidas três espécies: Oreochromis niloticus (tilápia do Nilo) que pode alcançar cerca de 9kg; Tilapia rendali (tilápia rendali) com cerca de 3kg; Sarotherodon hornorum (tilápia zanzibar) de coloração escura e maxilas protráteis; e uma variedade desenvolvida em Israel, "Saint-Peters", que atualmente vem sendo cultivada.

Hoje há muitas postagens sobre os tipos de tilápias existentes no mercado. Para que possa saber quais dela melhor te atenda, indicaria você buscar os estudos feitos pela Embrapa e o Senar. Após definir qual tipo, instalar seu sistema de recirculação, pegue esse livro e aplique as nossas técnicas.

Simples, mas muito eficiente.

Não duvide de um estudo feito por mais de 30 anos. Aplicado em mais de 500 unidades de pisciculturas em todo o Mundo!

Estas simples técnicas, visando o lucro, o desenvolvimento econômico e sustentável obteve êxito em todas as suas etapas.

Mesmo uma etapa sendo aplicada separada, mostrou-se eficiente. Elas juntas foram perfeitas.

O AMBIENTE

A tilápia gosta de regiões que tenham outras espécies de peixes. Agindo como predadoras, elas devoram todos os ovos, além de comer pequenas espécies, elas gostam de lagos de água paradas, locais em que elas mantenham a sua temperatura alta.

Em locais de água corrente, encontramos peixes de até 6kg! Isso nos mostrou que em águas correntes esses peixes aumentam suas estruturas de formas espetaculares.

OS PONTOS A SEREM ABORDADOS

Todo nosso trabalho neste livro se resume nos seguintes itens a serem abordados e cuidados em suas criações:

Obs. As técnicas aqui aplicadas foram desenvolvidas para a multicultura da Tilápia. Para outras espécies nossas pesquisas têm Artigos diferentes.

Itens abordados:

1. CIRCULAÇÃO
2. RECIRCULAÇÃO
3. FILTRAGEM
4. POPULAÇÃO
5. TIPOS DE TANQUES
6. PREDADORES.

Cada item desses tem sua fundamentação única para fazer seu sistema perfeito. Mais uma vez, não vamos falar de tecnologias, até porque seu sistema já está em funcionamento. Apenas iremos abordas técnicas que devem ser aplicadas em conjunto com tudo o que você já tem aí em sua estrutura, sem gastar R$ 1,00 (um real) com isso.

Apenas aplique e verás os resultados nos primeiros 7 dias de vida das tilápias.
□

ANOTAÇÃO

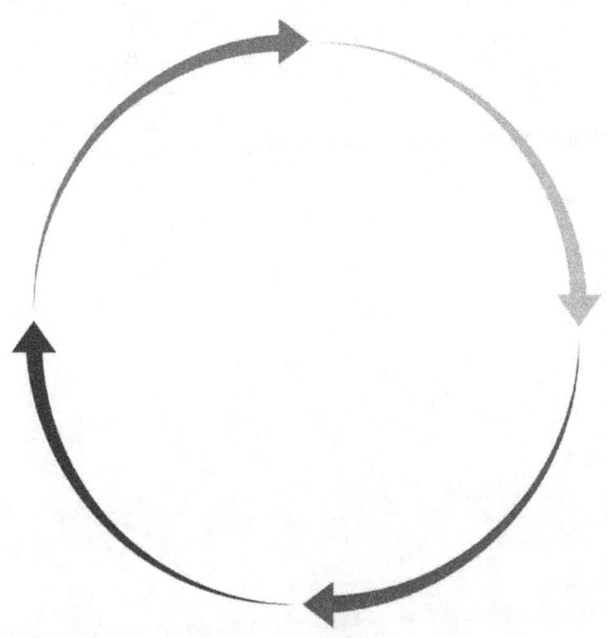

CIRCULAÇÃO

Hoje na piscicultura tradicional há um custo de 80% da produção com um tempo médio de 180 (cento e oitenta) a 210 (duzentos e dez) dias para uma despesca com o peso médio de 800 gramas.

Essa demora ocorre nos dois sistemas que se aplica na atualidade, o bioflocos (não vamos citar esse sistema pelos custos da produção em energia e perdas nas plantas que não tem energia solar) e o recircular ou RAS.

Os sistemas de recirculação ou RAS tem em sua particularidade a falta de um ambiente comparado com o sistema natural das tilápias.

Compreender a velocidade média de um rio que varia entre 2m/s até 8m/s é fundamental para aplicar as ações na criação dos peixes.

Como a tilápia se desenvolve com mais agilidade em sistemas naturais que contenha uma corrente marítima forte, entre 3m/s e 6m/s, a não inclusão deste item dentro dos tanques de criação, é um dos grandes fatores que tem provocado à demora da despesca.

Como a única corrente de água, ou força de circulação desse volume é provocado apenas pela queda da água interna, que varia não mais que 0,30cm/s, vinda dos filtros ou das gravidades projetadas pelos seus criadores, essa força é totalmente insuficiente para fazer o peixe ter uma atividade física consistentes.

O nado adequado gerado dentro dos tanques das tilápias, e para isso precisamos ter uma circulação, uma velocidade da água de no mínimo 3m/s, gera o aumento do metabolismo do peixe, provocando uma queima de nutrientes e um aproveitamento das rações ingeridas nos tanques, tendo um aproveitamento de 93% das rações consumidas.

Essa queima adequada provoca no peixe uma ação imediata, uma redução na emissão de fezes dentro dos tanques. Com essa redução dessas fezes, reduzimos a produção de amônia e também outras bactérias e fungos nocivos aos peixes.

Com uma circulação adequada, fazendo o peixe nadar de forma adequada e forte, evitamos doenças como a Columnariose.

Com a circulação adequada, é possível aumentar a população de tilápia por m^3 na criação da espécie, já que os peixes não têm mais o excesso de produção de fezes nos tanques e nem o desperdício de alimento em seu processo digestivo.

ANOTAÇÃO

QUAL A VELOCIDADE MÉDIA DA ÁGUA?

Em todas as nossas pesquisas em rios, lagos, represas, foram observados que: nos locais em que os peixes viviam com velocidades médias das águas de 4km/h a 10km/h, os peixes se desenvolviam 3x mais rápidos que nos lagos e represas de água parada.

Com velocidade média de 3m/s ou mínimo de 4km/h o crescimento deste animal é de até 7x mais rápida que qualquer outro sistema de criação no Mundo.

A velocidade da água pode ser feita pelo movimento provocado do jato da água filtrada de retorno dos sistemas de filtros jogado nos tanques. Quanto mais forte for o jato de água, maior a velocidade provocada nos tanques.

Nos tanques escavados, há duas formas de fazer esses movimentos:

1º O primeiro é o a flor da água, sendo no sentido horário ou anti-horário; e

2º É no fundo do tanque, 40cm do solo no sentido em que o criador escolher. Não tivemos proveitos nos sistemas que colocamos a circulação no meio do tanque, esse procedimento provocou erosão nas barreiras nos dois lados.

Nos tanques escavados de lonas não apresentaram esse defeito e obtiveram os mesmos resultados laterais da primeira forma ou da segunda.

Essa medida de circulação pela velocidade da água, quando aplicada nos tanques, as biomassas desejadas se antecipam em pelo menos 45 dias do final da produção.

A circulação com velocidades médias de 5km nos tanques são conseguidas além das bombas que jorram as águas nos tanques, como também por compressores direcionados, sistemas alternativos como cata-ventos e outras ideias que podem ser colocadas nos tanques.

Cada piscicultura tem seu potencial, então antes de falar que não dá certo, aplique isso em um sistema de $3m^3$ e após a avaliação, poderás opinar.

Aplique a circulação adequada ao seu tanque que sua oxigenação irá melhorar em 100%, reduzindo todas as sombras de dúvidas que atormentam sua criação.

□

ANOTAÇÃO

RECIRCULAÇÃO

A recirculação é a base adequada para se ter uma água boa e tratada nos tanques. Toda recirculação é baseada em um sistema de filtro, adequada a sua planta pelo volume de produção.

Quanto maior a sua produção, maior a recirculação desse volume de água.

A recirculação é a saída da água suja, com bactérias e resíduos proveniente da alimentação dos peixes, caído espontaneamente como galhos, insetos e demais, além de produzidos pelos peixes com as fezes geradas pela sua alimentação.

Está água é lançada por meio de bombas ou gravidades para um filtro, que por sua vez é lançada de volta, após sua filtragem aos sistemas.

É a partir da recirculação que teremos a circulação do tanque nesses sistemas RAS.

Nos tanques escavados que não tem filtros, essas águas são jogadas por bombas que deslocam de um tanque para o outro, ou mesmo retirando essa água dos próprios tanques e jogando em uma das pontas.

A recirculação só terá efetividade nos RAS quando obtiverem um filtro de alta qualidade e no seu retorno as caixas - tanques, esse volume deve ser lançado, ou por uma força de gravidade forte, para que ela se desloque com uma velocidade mínima de 3km/h, ou por um sistema de bombas.

A recirculação está diretamente ligada à parte da circulação. Em nossos testes, somente nos sistemas com filtros e com a recirculação tivemos êxitos em 120 dias para despesca.

Com uma recirculação adequada, com uma retomada da água dentro dos tanques, a oxigenação será melhorada em 100% na qualidade da sua água. Com essa simples ação, os custos com pró-bióticos e demais tecnologia será reduzida em pelo menos 90%.

Em todos os sistemas aplicados essas duas técnicas foram exitosas. Assim, qualquer pessoa que aplicar as duas técnicas citadas, iram ter inúmeros resultados eficientes.

□

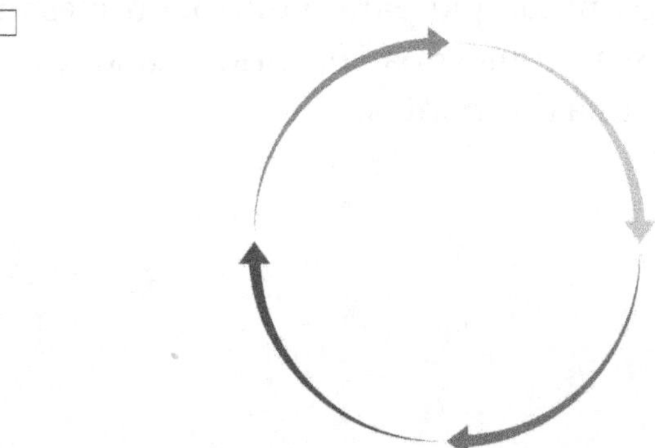

FILTRAGEM

Não vamos entrar neste item, até porque um sistema sem filtragem é comprovado que os custos com tecnologias para controles de gases, bactérias e demais problemas nos tanques são superiores a 30% da produção dos peixes.

Sem uma filtragem adequada, todos os sistemas entram em colapsos, por isso, nossos estudos estão todos baseados nos sistemas de recirculação.

Para que um sistema de água parada, tanques escavados ou similares, que não usem filtros, seu produtor tem que ***reduzir a população nos criatórios***. Essa é à medida que todos tomam, para reduzir custos e os prejuízos.

Essa diminuição faz com que o consumo diminua da ração, assim os animais não geram muitos dejetos nos tanques. Contudo, há uma necessidade de um aumento nos hectares de produção, ou seja, mais plantas - tanques, mais água, menos peixes por m³ e ainda assim maior custo com a manutenção.

Com um sistema de filtragem nos tanques, mesmo escavados o lucro é de mais de 40% no final da produção, coisa que nos tanques de água parada esses lucros chegam ao máximo 30%.

Então, busque um projeto para agregar um filtro aos seus sistemas escavados, tornando os mesmos em RAS.

Todos os processos de aplicação só funcionam em sistemas RAS, mesmo testando em outras formas de cultivos com resultados de baixa produtividade, o RAS ainda é o eficiente.

□

POPULAÇÃO - ESTRUTURAS

Entendam como população as espécies alocadas - colocadas - nos tanques. Todos esses tanques estudados foram tratados com uma metragem única em profundidades 0.70cm - 0.80cm - 1.10m a 1.50m

Os sistemas que não tinham essas medidas citadas de profundidade não tiveram êxitos em suas produções por conta da força da circulação da água nos tanques. Isso porque usamos nas circulações internas bombas de 0.5cv. O volume máximo que essas bombas de 0.5cv suportaram com baixa força na circulação interna foi de 5m³. Acima deste volume não teve eficiência, tendo nulas suas atividades.

Com esse modelo de bomba, de baixa potencia, foi possível conseguir em 5m³ 3.5km/h na circulação da água interna nos tanques com no máximo 5m³.

Em todos os tanques que trabalhamos usamos a densidade populacional de 180 unidades de peixes por m³, tendo a base de despesca em 120 dias, levando todas as práticas citadas neste livro. Sempre falando da Tilápia ou o Tambaqui.

Nas estruturas em caixas d'águas de 1m^3 foi sem dúvida alguma o resultado mais surpreendente. Isso se deu devido ao controle, o espaço e a facilidade de manutenção dos sistemas.

Mesmo sendo mais caro o investimento inicial na estrutura para produção em larga escala, o sistema foi o que demostrou a maior eficiência entre todos os testes feitos.

O segundo melhor foram os sistemas circulares de lonas. Assim como as lonas ou as fibras, assim como os tanques de plásticos e os australianos, foram os segundos melhores. Os tanques australianos foram os segundos porque seus volumes mínimos foram de 10m^3. Assim, quanto maior o valor em m^3, maior é a resistência da água e com ela a perda de força, devido o atrito externo da água na parede dos tanques, assim também aumentou a necessidade de uma bomba mais potente para recircular e circular a água.

Todos os sistemas em ferrocimento deram resultados, mas foi necessária uma força maior no interior do tanque para manter essa velocidade mínima de 3km por hora.

Então nos sistemas que foram alternados as bombas usadas foram de 1cv. Nos sistemas usando caixas d'água, geomebranas, ferrocimento, fibras com 5m³ a bomba de 0.5cv foi o suficiente. Acima desta metragem cúbica deve-se usar bombas de 1cv acima.

Em todos os sistemas trabalhamos com 180un/m³, independente do modelo e estrutura, contudo, todas essas estruturas usadas foram com medidas de profundidade de 1.60cm e com essa medida nosso tempo de despesca ficou em 120 dias, contudo tivemos um aumento nos custos da manutenção com equipamentos, bombas mais potentes, sendo a usada de 2cv. Neste ponto observamos outra coisa interessante e aplicamos nos testes.

Fora os tanques de ferrocimentos usamos os sistemas de caixas d'águas de 1m³ ou 2m³ com no máximo 0.93cm de profunidade em que os resultados foram formidáveis.

Passamos a observar que as estruturas com lâmina (profundidade) d'água de no máximo 90cm, a despesca aconteceu todas as unidades com 180un/m³ de peixes em 100 dias com 500g.

Baixamos esse volume para observar se o volume de água atrapalhava as demais espécies, foi ai que nos surpreendemos com os resultados.

Em todos os sistemas circulares com lamina (profundidade) de 0.70cm a 0.80cm não tivemos perdas, não tivemos aumento de temperatura, não tivemos aumentos de gases nocivos nos tanques.

Então para resultado final aplicamos em todos os sistemas, inclusive nos tanques escavados.

O sucesso foi total!

Conseguimos aumentar a produção, reduzir os custos com a despesca, reduzir o tempo da despesca e acima de tudo melhorar a qualidade da carne do peixe.

Quando trabalhamos com uma alta densidade como essa, ***inapropriada para as atuais formas de cultivos no Brasil, os riscos são altíssimos*** quando não são tomadas as medidas que aplicamos aqui neste livro.

A superpopulação aplicada neste livro, só foi possível trabalhar devidos as medidas que estudamos a mais de 5 anos.

A biomassa desses tanques em m^3 foi equivalente à média de $140kg/m^3$. Mas lembrem-se! Ainda há segredos que nas próximas páginas tem que ser seguidas à risca.

Para o desenvolvimento perfeito da tilápia e tambaqui chegamos à profundidade de 0.70x a 0.80cm. Para o desenvolvimento da matrinxã, pitado e pirarucu a profundidade foi de 1.10x1.40m. O pacu foi um peixe que encontramos certa resistência, mas a profundidade de melhor resultado foi a de 1.50m. Isso se deu por ele ser um peixe robusto e pesado e pelo seu impulso na hora de vir comer, ele faz um movimento único que abaixo dessa profundidade eles se machucaram, acima dessa profundidade tivemos perdas de ração.

Queremos alertar aqui aos amigos estudiosos que a densidade de 1180un/m^3 foi aplicada ao tambaqui e a tilápia.

Todos as espécies aqui citadas tivemos altas densidades mas nunca perto desses volumes por m^3.

Então NUNCA COLOQUEM 180 PACU, PINTADO, PIRARARA OU PIRARUCU EM 1M^3.

OBSERVAÇÃO

No sistema de decantação usado na Cidade de Irecê, no Povoado da Meia hora, em um tanque de $30m^3$, tendo sido povoada com 1000 alevinos de tilápias, com tamanhos entre 2 a 5cm, entre pesos de 0,5g a 2g. Ainda foram inclusos mais 3 tipos de peixes neste tanque para ajudar na limpeza e na ativação dos peixes entre os dias de testes.

O sistema foi o último a ser analisado e testado. O teste foi iniciado no dia 1 de fevereiro de 2020, no dia 1º de março de 2020, os peixes, sem nenhuma circulação, mas com a presença das outras 3 espécies, conseguiram a façanha de 350g a 500g.

A pergunta é a porque tivemos um êxito num sistema tão "pobre" de tecnologias e monitoramentos?

Ainda lembramos que nenhuma medição neste tanque foi feita, nem da água, nem dos gases, detritos, oxigenação, nada x nada! Apenas colocamos os peixes e pronto, deixamos lá para que eles pudessem SOBREVIVER!

Agora entramos no nosso tema que podemos chamar da cereja do bolo.

Vamos a lá mas não esqueça suas anotações.

O PREDADOR

Nos biossistemas naturais de qualquer espécie, há uma cadeia da vida que mantem um controle natural. Os mais fortes contra os indefesos. Essas convivências levam os predadores a usarem de todas as estratégias para atacar e matar as suas presas, tornando-as seus alimentos.

Nos casos da tilápia, elas devastaram inúmeros peixes de sistemas em que elas entraram como invasoras, por serem onívoras, elas além de atacarem como um enxame de abelhas, elas devoram os alevinos de outras espécies até exterminar as espécies naturais desta bacia.

Tivemos que entender bem isso e identificar alguns predadores que as tilápias não encostaram de forma alguma. Um predador que conseguiram expulsar ou devorar as tilápias. Entre essas espécies achamos o Dourado e o Tucunaré.

O Tucunaré foi sem dúvida alguma o mais devastador para as tilápias. Passamos a estudar a postura do Tucunaré.

Eles vivem em locais com alta correnteza e próximos a troncos, pedras e barrancos, com profundidade de no máximo 1.20cm.

Passamos então a colocar esse predador dentro dos tanques em pares.

Nos tanques criamos alguns ambientes como o uso de pedras, troncos para que os tucunarés pudessem defender como territórios.

A pergunta foi "Qual tamanho do casal entraria no tanque?" Fizemos uma comparação em relação das tilápias e colocamos eles 2 ou 3x maiores que as tilápias.

Os juvenis de tucunaré têm que ter no máximo 8cm para serem colocados dentro dos tanques. Essa foi a medida exata encontradas para que seus alevinos desenvolvam de forma rápida e eficiente.

Para cada unidade de tanque tendo entre 1 a $3m^3$, usamos $180un/m^3$ de tilápia e 1 casal de Tucunaré. Nos casos de tanques maiores, usamos dois pares de tucunaré, 4 unidades com tamanho máximo de 8cm.

Para tanques com volumes acima de $50m^3$ os predadores podem ser colocados no máximo 4 pares ou 8 unidades. Todos com máximo de 15cm.

Cuidado! Não usem mais que essa quantidade. Quanto mais tucunaré, mais os riscos de eles dizimarem seus alevinos.

□

Justificativa:

O tucunaré é um tipo de peixe altamente territorialista, defendendo a todos os custos a sua área. Eles tomam posse de determinados local e ali, além de ser uma armadilha será o local em que eles irão procriar.

Refazemos essas mesma situação dentro dos tanques.

Usamos uma pedra dentro dos tanques, eles irão tomar conta da mesma. Os juvenis de tucunaré irão defender a pedra, irão comer alguns alevinos, mas também irão comer a ração, então não há risco de perdas acentuadas.

Em todos os nossos testes, sendo mais de 500 sistemas no Brasil e mais de 25 na Colômbia e nos EUA, não ouve perdas mais que 10% dos alevinos comidos pelos predadores. Chamamos de perdas controladas.

Os tucunarés irão correr atrás dos alevinos, esses por sua vez irão fugir. Essa fuga é uma atividade física forçada provocando uma queima dos nutrientes que eles consomem. Esse consumo, juntando com a ativação mental (a caçada) gera o aumento do metabolismo provocado pela sobrevivência instintiva, os peixes passam a se desenvolver 10X mais rápida que qualquer outra espécie.

Esse método, mantido com a circulação e com o controle de velocidade entre 3km/h e 5km por hora, associado a uma boa alimentação e a filtragem adequada. Temos o sistema perfeito para o desenvolvimento avançado dessa espécie.

No Sistema de tanque de águas paradas, usando os mesmos métodos.

A diferença é que só poderemos usar os juvenis de tucunaré pois como a água está parada não teremos a recirculação e a circulação dessa água dentro dos tanques, mas mesmo assim, como nas lagoas, os peixes passarão a ter um desenvolvimento maior. Apenas com a adição de um simples predador dentro do tanque.

Todos os sistemas aqui trabalhados seguiram os seguintes itens:

Tanques elevados, não importando a sua estrutura com proximidade máxima de 1.70cm de um tanque para o outro, com um sistema de recirculação baseada em um filtro biológico, adequado a entrada da água nos tanques com velocidades mínimas entre 3 e 5km por hora.

A profundidade máxima dos tanques foi de 0,80cm.

Cada tanque desses com uma população de 180 unidades de tilápias por $1m^3$ de água. As rações são as mesmas medidas que vocês já usam em seus cultivos atuais. Não alteramos isso.

No uso do predador nos tanques, não tenha medo, achando que todos os seus alevinos irão morrer, que todos irão ser devorados. Vale lembrar que as tilápias irão ter seu desenvolvimento muito rápido e por tal motivo, vai dificultar o ataque dos tucunarés, caso você venha escolher eles.

Aplique sem medo e depois nos dê um retorno em nossas redes sociais.

Á única coisa que você tem que fazer é aplicar esses segredos, usando essas técnicas simples e fazer chegar ao seu resultado final que é obter lucro.

Estas técnicas simples foram feitas para ser exemplo. Essas palavras escritas definem bem o que buscamos...

Resultado!

Suas anotações.

Obrigado!

ANOTAÇÃO

ANOTAÇÃO

Para contatos

E-mail: prof.rodrigoba@gmail.com

www.ingramcontent.com/pod-product-compliance
Lightning Source LLC
LaVergne TN
LVHW020529160826
845677LV00015B/3985

* 9 7 9 8 7 4 7 3 3 6 2 4 7 *